AF315840

L 27/n
22774

MONSEIGNEUR LYONNET ,

Évêque de Saint-Flour.

BIBLIOTHÈQUE NATIONALE
R. F.
IMPRIMÉS.

On aime à voir parvenir aux dangereux
honneurs et aux rudes labeurs de l'épiscopat, ces
prêtres instruits et modestes dont toute la vie s'est
écoulée dans l'exercice du ministère sacré, et qui,
partis du dernier échelon de la hiérarchie, ne
doivent ni à l'ambition, ni aux caprices ou aux
intrigues du pouvoir, mais à leur mérite seul, à
leurs services et à leurs vertus, d'avoir fixé sur
eux l'attention publique. Ceux-là méritent d'autant
plus la sympathie et le respect, que leur élévation,
qu'ils n'ont pas recherchée, honore plus la religion et leur permet d'opérer une plus grande
somme de bien. De tels prêtres, le clergé de

1851

France, si riche en illustrations de tous genres, en
compte par centaines; mais quand le choix est
difficile, c'est que les élus brillent, et au premier
rang, parmi les plus dignes. Aussi, pour les cœurs
catholiques, une nomination d'évêque est-elle toujours un sujet de pieuse et sainte joie. Qu'il nous
soit donc permis de nous féliciter de celle de
Mgr Lyonnet au siége de Saint-Flour !

Mgr Lyonnet est né à Saint-Etienne (Loire),
le 12 juin 1801, d'une famille de manufactu-
riers, dans laquelle s'étaient honorablement
perpétuées ces belles traditions de probité cheva-
leresque, presque oubliées de nos jours. Son père
occupait de nombreux ouvriers qui bénissent encore sa mémoire. Sa mère rappelait la femme
douce et forte de l'Ecriture. Ce fut sur ses genoux
que, jeune enfant, il apprit à bégayer le nom de
Dieu, et reçut ces premières leçons de vertu qui
laissent de si profonds souvenirs et font le charme
de toute la vie. Quelque rapide que soit le tourbil-
lon qui nous entraîne, quels que soient les événements qui s'emparent de notre existence, chaque
jour notre âme sait trouver un moment de solitude,
où, se repliant sur elle-même, elle fait revivre les

impressions si vives, le bonheur si pur de notre enfance, bonheur, hélas! sitôt évanoui et que l'âge mûr ne connaît pas!

Les études du jeune Lyonnet, commencées dans l'institution Millet, homme selon le cœur de Dieu, sous la direction de M. l'abbé Vuillerme, mort depuis à Lyon en odeur de sainteté, se continuèrent au collége de Saint-Chamond, puis au séminaire de Verrières et enfin à celui de l'Argentière, où il fit ses cours de philosophie et de mathématiques. Les succès obtenus par le jeune élève furent des plus brillants. Il se distinguait surtout par son aptitude au travail, par la vivacité de son intelligence et la solidité de son jugement. L'aménité de ses manières et la douceur de son caractère étaient telles qu'il comptait autant d'amis que de camarades. Il jouissait d'un rare privilége : celui de rivaliser avec tous sans exciter la jalousie ou l'envie d'aucun.

Le moment était venu de faire choix d'un état. M. Lyonnet s'était d'abord destiné au commerce; mais Dieu avait parlé à son cœur, il se voua au service des autels, et entra au grand séminaire de Saint-Irénée, à Lyon. Son talent avait mûri avec

l'âge. Le jeune théologien fit des progrès merveil-
leux et commença alors cette réputation de pro-
fondeur et de savoir qui lui a mérité une place à
part, parmi les membres les plus érudits du clergé
de France.

Diacre en 1822, l'abbé Lyonnet conçut le désir
de doubler sa troisième année de théologie au
séminaire de Saint-Sulpice. M. Gardette, son su-
périeur, ne crut pas devoir accéder à sa demande;
le jeune abbé resta à Lyon, où il fut nommé
professeur de troisième au petit séminaire de la
Primatiale.

Ici commence la vie publique de M. Lyonnet,
vie si bien remplie, comme on le verra plus tard.
En même temps qu'il donnait aux études de la
Primatiale, une nouvelle et vigoureuse impulsion,
les *Annales de la propagation de la Foi* s'enrichis-
saient d'articles remarquables sortis de sa plume;
d'un autre côté, M. l'abbé Courbon, administrateur du diocèse, le comblait d'amitié. Quel avenir
s'ouvrait alors devant le pieux abbé, et s'il n'eût
été aussi modeste, n'eût-il pas pu être ambitieux,
honoré qu'il était de la confiance et de l'affec-
tion du confident et de l'ami du cardinal Fesch?

Mais M. l'abbé Courbon mourut, et l'administration se trouva en quelque sorte disloquée jusqu'à l'arrivée de Mgr. de Pins. M. l'abbé Lyonnet reçut le sacerdoce des mains de ce vénérable prélat, et renouvela sa demande d'agrégation à la société de Saint-Sulpice. Il devait éprouver un second refus. Une autre carrière l'attendait, carrière non moins pénible, non moins délicate et où son zèle et son dévouement furent mis à de rudes épreuves.

Mgr. l'évêque de Blois voulait réorganiser son grand séminaire. Il avait besoin pour cette œuvre d'un homme conciliant et ferme, sachant commander à la fois l'estime et le respect. M. Lyonnet fut choisi, et, pendant les quatre années qu'il passa auprès de M. de Sausin, l'établissement reprit toute sa force et sa splendeur.

M. Lyonnet revint alors à Lyon. Mgr. de Pins ne crut pouvoir mieux récompenser son habileté et son zèle, qu'en le plaçant à la tête du séminaire de la Primatiale. Dire qu'à force d'activité et de persévérance, de dévouement et de zèle, il parvint à fortifier les études de manière à défier toute concurrence, à les élever à un degré de supériorité inconnu jusque là, à faire du séminaire de la Primatiale le rendez-vous des fils des familles les plus religieuses et les plus distinguées de la province, c'est répéter ce que Lyon a été à même de reconnaître cent fois. De cette époque datent les relations de M. Lyonnet avec l'élite de la population de la seconde ville du royaume, relations qui lui laisseront de bien agréables souvenirs, qu'il a fait tourner si souvent au profit des pauvres, et, pourquoi ne le proclamerions-nous pas? si souvent, surtout, au profit de la religion!

L'opinion publique n'est pas toujours ingrate. Elle sut gré à M. Lyonnet de tout le bien qu'il était parvenu à opérer dans le poste si difficile qui lui avait été confié, et plaça son nom à côté des noms les plus vénérés des prêtres du diocèse. Mgr de Pins suivit la pente de l'opinion. Déja l'abbé Lyonnet était chanoine honoraire ; sur la demande du chapitre lui-même, il fut nommé chanoine titulaire de la cathédrale. Tout le monde applaudit, et c'était justice.

Élevé sur un plus vaste théâtre, le jeune chanoine déploya de nouveaux talents. Il s'acquitta, vers cette époque, de diverses missions auprès du

gouvernement avec le plus grand bonheur.
« Quand Votre Grandeur, disait à Mgr de Pins M. le
marquis de Belbeuf, premier président de la Cour
royale de Lyon, voudra faire traiter dans les mi-
nistères quelques affaires difficiles et litigieuses,
elle ne saurait faire un meilleur choix qu'en désignant M. Lyonnet. »

Cependant son cœur s'ouvrait à un second et
joyeux espoir. Son canonicat allait lui donner
quelques loisirs. Il pourrait donc enfin se livrer à
ses études favorites, converser plus amplement
avec ses auteurs chéris et fouiller dans les manus-
crits poudreux des bibliothèques! il pourrait donc
revoir plus fréquemment ses nombreux amis et
prolonger avec eux ces douces causeries qui épa-
nouissent l'âme et l'embaument de célestes par-
fums! Bientôt parurent les *Traités de la Justice et
des Contrats*, où le savant théologien met en har-
monie les principes du droit civil avec ceux de la
conscience. Nous jugerons d'un mot cet ouvrage, en
disant qu'il est et restera classique. *Le cardinal Fesch*
suivit de près. C'est un livre qui assigne à son auteur une place honorable parmi les historiens de
l'époque moderne. On peut dire que le pieux car-

dinal dont le nom a servi de point de mire à tant
d'odieuses et obscures attaques, n'était pas connu
avant cette publication. M. Lyonnet a été impar-
tial, indépendant, vrai ; les hommes de bien de
tous les partis ont pleinement apprécié ce qu'il lui
avait fallu de courage et de fermeté pour défendre,
contre la prévention, la mémoire d'un mort et
d'un proscrit. L'*Histoire de la vie de Mgr d'Aviau* ,
archevêque de Bordeaux, ne tarda pas à mettre le
sceau à la réputation de l'auteur. Une main plus
pieuse ne pouvait tracer le tableau des vertus d'un
plus saint prélat. Le style de M. Lyonnet est abon-
dant, simple et concis, faisant ressortir sans effort
une pensée toujours pleine de charme et d'aban-
don. Une sérénité douce, une piété pleine d'aménité, une foi profonde, un sentiment infini des
délicatesses du cœur respirent dans les ouvrages
de M. Lyonnet. Il s'est peint, à son insu, en faisant
le portrait de ses héros (1).

______

(1) Mgr Lyonnet a encore publié :

1° *Appendice sur le prêt en général et le prêt du commerce
en particulier* ; l'auteur l'a joint à ses *Traités sur le droit et
les obligations ;*

Revenons sur nos pas. Le cardinal Fesch était mort. Entre Mgr de Pins et le chapitre métropolitain quelques nuages s'élevèrent à cette occasion. M. Lyonnet se montra tel qu'il était, tel qu'il devait être. « Le saint Père est intervenu, dit-il, dans la nomination du prélat administrateur, attendons la décision du saint Père. » Ce conseil fut suivi. Mais déjà le gouvernement avait tranché la question en désignant Mgr de Bonald, évêque du Puy, pour le siége de la première église des Gaules. Mgr de Bonald, empressé de récompenser tous les mérites et d'encourager tous les dévoûments, fit accepter à M. Lyonnet des lettres de grand vicaire et lui confia la direction des conférences diocésaines.

2° *Esquisse biographique sur M. l'abbé de Servan*, ancien chanoine régulier de l'ordre des Antonins ;

3° *Souvenirs biographiques de M. l'abbé de Pastre*, ancien prélat apostolique de l'île Bourbon, depuis chanoine de Lyon ;

4° *Monographie de Saint Patient*, ou *l'Église de Lyon au cinquième siècle*.

5° *La primatie de l'Eglise de Lyon sur les provinces de Tours, de Sens, de Rouen et de Paris*

Le clergé de Lyon qui compte tant de membres dans les rangs de l'épiscopat, s'attendait à perdre M. Lyonnet, à chaque vacance qui survenait. Déjà il avait été question du pieux et savant grand-vicaire pour les diocèses de Pamiers, de Luçon, de Carcassonne, de Saint-Dié, de Moulins, etc. ; mais s'il favorisait, de son influence, l'élévation de ses amis, M. Lyonnet savait toujours s'oublier lui-même. La modestie est la compagne nécessaire du vrai talent.

Toutefois celui de M. Lyonnet avait brillé d'un trop vif éclat pour rester plus longtemps enfermé dans la sphère étroite d'un canonicat. La reine Marie-Amélie lui fit offrir la charge de primicier à la chapelle royale de Dreux. M. Lyonnet refusa : « Quel bien pourrais-je faire dans cette nouvelle position ? dit-il. » On insista. Nouveau refus. Seul, Mgr Dupanloup, évêque d'Orléans, son vieil ami, parvint à vaincre ses résistances : déjà le nouveau primicier avait donné sa parole au roi Louis-Philippe qui, par l'intermédiaire de Son Excellence le nonce, demandait au souverain-Pontife un titre archiépiscopal *in partibus*, — celui de Carthage ou de Césarée, — quand éclatèrent,

comme un coup de foudre, les événements de
Février....

M. Lyonnet bénit la main de Dieu, s'inclina
devant sa volonté, et reprit, avec calme, le chemin
de Lyon. « La part que Dieu m'a faite dans la
première église des Gaules, n'est-elle pas assez
belle ? » répondait-il à ceux qui déploraient devant
lui ce revers inattendu de fortune. Déjà il avait
repris ses pieuses habitudes, partageant ses loisirs
entre ses études et les devoirs de son ministère,
visitant les établissements religieux et les maisons
de charité, tendant la main aux riches pour l'ou-
vrir aux pauvres, pratiquant le bien et se faisant
tout à tous, quand, à sa surprise extrême, le gouvernement le désigna pour l'évêché de Saint-Flour.
M. Lyonnet voulait d'abord décliner cet honneur,
mais, en nos temps de luttes, refuser, eût été dé-
serter le champ de bataille ; il fallut obéir.

Mgr Lyonnet est de haute taille. Sa physio-
nomie est à la fois imposante et douce : ses
yeux sont vifs et brillants ; ses manières simples
et aisées. A la dignité de l'évêque, il mêle la can-
deur de l'apôtre. Toute sa personne respire une
grâce onctueuse qui va à l'âme. Nul mieux

que Mgr Lyonnet ne sait séduire son auditeur ; nul ne sait mieux consoler et surtout soulager.

Mgr Lyonnet comptait depuis longtemps de vieilles et illustres amitiés parmi les membres les plus éminents de l'épiscopat. Citons entre autres, Mgr le cardinal–archevêque de Bordeaux; NN. Miolan et Debelay, archevêques de Toulouse et d'Avignon; NN. Dupanloup, évêque d'Orléans; Pavy, évêque d'Alger; Cœur, évêque de Troyes, Dufêtre, évêque de Nevers; Rossat, évêque de Verdun, etc. Mgr Lyonnet suivra dignement les traces de ses vénérables collègues. C'est une nouvelle lumière qui ne brillera pas sans éclat dans la grande famille du clergé de France. De telles nominations honorent le pays, font la gloire de la religion, et sont aussi une précieuse garantie de sécurité pour l'avenir.

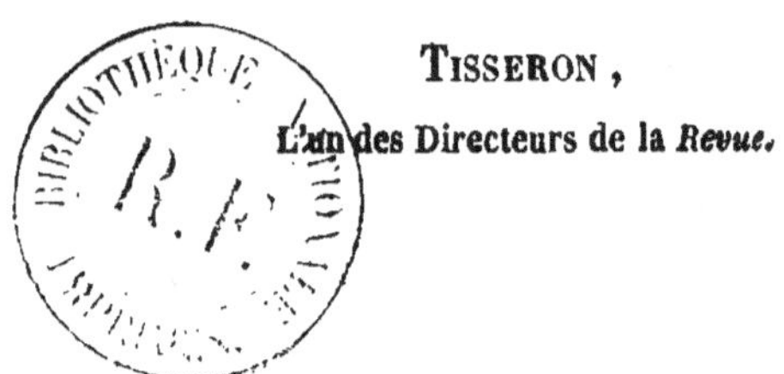

TISSERON ,

L'un des Directeurs de la *Revue.*

Imp. de Mme de Lacombe, rue d'Enghien, 14.

BIBLIOTHEQUE NATIONALE DE FRANCE

3 7502 010485573

www.ingramcontent.com/pod-product-compliance
Lightning Source LLC
LaVergne TN
LVHW010208060726
842524LV00005B/2066